L'ANCIEN RÉGIME

LETTRES AUX PAYSANS

PAR

BARODET

DÉPUTÉ DE LA SEINE

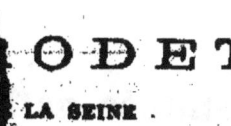

Prix : 10 centimes

PARIS
LIBRAIRIE DU SUFFRAGE UNIVERSEL
14, RUE HAUTEFEUILLE, 14

1875

DÉCHÉANCE DE NAPOLÉON III

ET DE SA DYNASTIE

VOTÉE PAR L'ASSEMBLÉE NATIONALE

à l'unanimité, moins 6 voix

Dans sa séance du 1ᵉʳ mars 1871

« L'Assemblée nationale clôt l'incident, et, dans les circonstances douloureuses que traverse la patrie et en face de protestations et de réserves inattendues, confirme la déchéance de Napoléon III et de sa dynastie, déjà prononcée par le suffrage universel, et le déclare responsable de la ruine, de l'invasion et du démembrement de la France. »

L'ANCIEN RÉGIME

Paris, le 27 août 1875.

Mes chers amis,

Vous avez sans doute entendu parler, au fond de vos villages, du vote malheureux de l'Assemblée de Versailles, qui permet au clergé d'avoir de grands établissements d'instruction supérieure, appelés *Facultés*, dans lesquels les jésuites feront des lettrés, des savants, des avocats, des médecins, tout comme on en fait dans les *Facultés* entretenues par le gouvernement. Vous sentez bien déjà que ce n'est pas la même chose que s'ils faisaient des prêtres, comme ils en font dans les séminaires, pour remplacer ceux qui meurent. Bientôt vous comprendrez tout le danger de cette loi. Les cléricaux, ces éternels ennemis de toute liberté, y ont accolé le mot de *liberté:* « Loi sur la *liberté* de l'enseignement supérieur. » Mais c'est un leurre abominable, et la preuve, c'est qu'ils ne se sentent plus de joie ; vous savez bien qu'ils n'ont guère l'habitude de se réjouir de ce qui nous fait plaisir. C'est mauvais signe.

De toutes parts, ils se réunissent en

congrès, en comités, en cercles, pour s'entendre sur la fondation de leurs *Facultés catholiques* et sur les principes qu'ils y professeront.

La semaine dernière, un congrès a eu lieu à Poitiers, sous la présidence de l'Evêque de cette ville. On y a posé et discuté les questions suivantes : « Recherches sur
» les moyens juridiques pour réduire la
» presse au silence ; — pour imposer le
» repos du dimanche ; — pour rétablir la
» prééminence du mariage religieux sur le
» mariage civil ; — pour relier plus étroitement les associations cléricales. »

Le révérend père Sampin, de la société de Jésus, a déclaré que « le Code et ses
» principes pervertissent l'enseignement
» du droit. »

Au congrès catholique de Reims, ouvert le 23 août, sous la présidence de l'Archevêque de cette ville, le révérend père Marquigny, un autre jésuite, a prêché « le rétablissement des corporations ouvrières,
» suivant les usages en vigueur avant
» 1789. » — « Il faut, a-t-il dit, aux applaudissements du congrès, ressaisir la
» corporation, au nom des principes catholiques. »

Nous verrons plus tard ce qu'étaient les corporations ouvrières, avant la Révolution de 1789.

Vous le voyez, mes chers amis, le parti clérical, rendu audacieux par les complaisances de l'Assemblée de Versailles et par la protection trop réelle du gouvernement, entre bruyamment en campagne contre les principes de la Révolution française. Dans des Congrès, présidés, par des Évêques, il s'attaque ouvertement à nos institutions civiles et nous menace de nous faire reculer jusqu'au bourbier de l'ancien régime. C'est sur vous surtout, paysans, que les hommes noirs comptent pour cela, et sur les petits sous qu'ils soutirent, si adroitement, à vos femmes et à vos enfants. Ils se disent que vous avez oublié tout ce que vos pères et vos grands pères vous ont raconté de l'ancien régime et de ses abominations. Ils se croient sûrs de vous tromper encore, comme ils ne l'ont fait que trop souvent, et de vous faire nommer des députés qui leur obéiront et qui feront les lois qu'ils rêvent, pour nous bien tenir.

Mais j'aime à croire qu'ils se trompent. Il est impossible que vous ne voyiez pas, à la fin, le dessous de leurs cartes et que vous ne leur disiez pas : Buvez un verre d'eau de Lourdes, si ça vous fait plaisir, mais laissez-nous tranquilles, nos affaires ne sont par les vôtres. Cependant j'ai pensé, puisqu'il est question de nous ramener, par des chemins détournés et cachés, à l'ancien régime, qu'il y aurait quelque utilité à tracer pour vous, dans un petit livre à bon marché, et à vous mettre sous les yeux, en raccourci, le tableau de l'ancien régime.

Le voici : Je continue de m'adresser à vous comme si je vous parlais.

L'ANCIEN RÉGIME

I

LES BIENS DE LA NOBLESSE ET DU CLERGÉ.
LA DIME.

Mes chers amis,

Avant la Révolution de 1789, — il n'y a que 86 ans de cela, l'âge d'un homme, — la population de la France, qui n'était alors que de vingt-cinq millions d'habitants, était divisée en trois ordres : le *clergé*, la *noblesse* et le *tiers-état*.

Le *clergé* se composait d'environ deux cent vingt mille individus, prêtres, prieurs, abbés, moines et nonnes ; la *noblesse*, d'environ quatre-vingt-trois mille. Cela faisait un total, en chiffre rond, de trois cent mille improductifs, à la charge du troisième ordre qui composait la nation, bourgeoisie et peuple.

Le *clergé* possédait pour quatre milliards de propriétés au soleil. Ces biens immenses lui avaient été donnés pour le soulagement des pauvres. Le clergé se les était appropriés ; si bien que l'évêque Massillon se demandait si les donateurs, à supposer qu'ils pussent revenir, n'appelleraient pas les prêtres en justice.

La *noblesse*, à elle seule, possédait, par droit de conquête et de violence, à peu près la moitié du territoire de la France.

Le domaine royal avait aussi sa large part ; si bien qu'il ne restait pas tout à fait le quart du territoire au tiers-État, c'est-à-dire à la nation.

Ce quart était possédé presque entièrement par la bourgeoisie, c'est-à-dire par la partie du tiers-État parvenue à la fortune, à l'instruction, et dont l'influence politique, déjà considérable, tendait à dominer celle de la noblesse et du clergé. Elle se composait des commerçants, des industriels, des financiers, des avocats, des médecins, des professeurs, des magistrats, des fonctionnaires, etc., qui avaient aussi leurs priviléges, comme nous le verrons plus tard.

Quant aux pauvres roturiers, vilains, Jacques Bonhomme, gens de rien, marauds et manants, — c'est par ces termes de mépris que les nobles et gens d'église désignaient les paysans et les ouvriers, — ils étaient les dix-neuf vingtièmes de la nation et ne possédaient, pour toute fortune, que leurs bras décharnés, — je me trompe, puisqu'ils n'en avaient pas la libre disposition, — et vous allez voir, mes chers amis, quel fardeau formidable pesait sur leurs maigres échines.

Les terres du clergé et de la noblesse étaient terres *nobles*, et, pour cette belle raison, exemptes d'impôts. Il en était de même, à plus forte raison, du domaine royal.

Tout le poids des charges publiques retombait sur le peuple. Heureux le peuple, s'il en eût été quitte à ce prix !

Mais la noblesse et le clergé jouissaient d'une foule d'autres priviléges, connus sous le nom de *droits féodaux*.

Ces *droits féodaux* étaient supportés par les roturiers, qui cultivaient, comme fermiers et métayers, — bien rarement comme petits propriétaires, — les terres dites *serviles*, parce qu'elles étaient soumises, à perpétuité, à d'écrasantes, innombrables et humiliantes redevances et servitudes, au profit des prêtres et des nobles.

Au clergé, il fallait payer la dîme, ou dixième, sur tous les produits de la terre : dîme sur les grains, dîme sur les foins et sur la paille, dîme sur le vin et sur le cidre, dîme sur l'huile, dîme sur le bois, dîme sur le chanvre et sur le lin, dîme sur la laine, dîme sur les fruits et sur les légumes, dîme sur les bœufs, dîme sur les porcs et sur les agneaux, dîme sur la volaille, dîme sur les œufs, dîme sur les poissons, dîme sur le miel et sur la cire, dîme sur le lait, dîme sur la crème et sur le beurre, dîme sur les gâteaux, dîme sur tout !

A chaque instant, s'abattaient sur les pauvres paysans les décimateurs, qui fouillaient les gerbiers, les greniers, les caves, les étables, les poulaillers, mesuraient, jaugeaient, comptaient, pesaient, marquaient le meilleur pour monseigneur l'Évêque, pour M. l'Abbé et les révérends pères, pour madame l'Abbesse et les révérendes mères.

Il est juste de dire que tous les matins

on faisait, à la porte des couvents, une distribution de soupe aux manants que la dîme avait mis sur la paille : Ames charitables ! saints hommes ! saintes femmes !

La dîme rapportait, bon an mal an, cent vingt millions au clergé, déjà si riche en biens-fonds, exempts d'impôts. L'ensemble de ces revenus représentait plus de six cents millions de francs d'aujourd'hui.

Ne vous semble-t-il pas, mes amis, que le clergé aurait bien pu baptiser, marier, enterrer gratuitement et chanter le *Magnificat* allègrement ? Eh bien ! non. Il prélevait encore, sur les pauvres gens qu'il avait dîmés et redîmés, un gros casuel. De ce chef, il se faisait bien cinquante millions par an. Ce n'est pas tout. Il faisait, depuis des siècles, un petit commerce, fort lucratif, sinon fort honnête, de choses qui ne lui coûtaient guère, comme vous allez le voir.

Le clergé de Condom, dit Villiaumé dans son *Histoire de la Révolution française*, pour obtenir des gerbes de blé, promettait et s'obligeait de faire sortir, chaque année, du purgatoire, deux cent cinquante âmes et de les conduire, en droite ligne, en paradis. Une autre fois, le clergé donnait l'absolution du crime d'adultère et de parricide pour six livres, du crime d'incendie pour sept livres quatre sous et de tous les crimes pour la somme de quatre-vingt-six livres douze sous. Ah ! la belle invention que le purgatoire !

Enfin, ce n'est pas tout encore : le clergé quêtait. Le pauvre homme !

Qui le croirait? le clergé fut le dernier à affranchir les esclaves. Il possédait encore, au moment de la Révolution, dans quatre-vingt-dix-sept communes du Jura, *quarante mille serfs*, soumis à la main-morte et traités comme du bétail.

Dans ce temps là, tout comme aujourd'hui, les prêtres, bien nourris, bien portants, prêchaient aux gens maigres la fraternité humaine, le mépris des richesses, l'obéissance au roi, à la sainte Eglise et au seigneur du village, la résignation, le jeûne et l'abstinence en ce monde, en récompense de quoi, ils promettaient le paradis dans l'autre.

Le clergé, dont les hautes dignités étaient occupées par des nobles, avait encore sa large part dans les droits féodaux de la noblesse, dont ma prochaine lettre déroulera sous vos yeux, mes chers amis, l'affligeant tableau.

30 août 1875.

II

LES DROITS FÉODAUX

Il me serait impossible, mes amis, sans écrire un gros volume, de vous expliquer tous les *droits féodaux* qui écrasaient les pauvres paysans, avant la Révolution de 1789. Je dois donc me borner à vous donner un simple aperçu des principaux.

Après le *servage*, maintenu par le clergé dans le Haut-Jura, et qui assimilait les hommes aux bêtes, il y avait :

1° Les *corvées féodales*. On appelait ainsi les journées de travail dues au Seigneur par le roturier, tant pour ses bêtes que pour lui-même, et dont le nombre était déterminé, ordinairement, par les titres de propriétés. En l'absence de conventions écrites, l'usage les fixait à douze par an ; mais il y avait des pays où les malheureux paysans devaient une journée par semaine. Ces corvées étaient dues, soit à jours fixes, soit à la volonté du seigneur. Dans ce cas, il fallait que le roturier abandonnât tout, pour obéir aux caprices du seigneur, qui l'employait souvent aux ouvrages les plus pénibles et les plus dégoûtants. Les corvéables étaient obligés de se nourrir eux et leurs bêtes.

2° Les *cens* ou *censives* étaient des redevances en argent ou en denrées, dues à perpétuité, par le possesseur d'une terre, au seigneur qui la lui avait vendue, en reconnaissance de sa seigneurie. Les cens se prélevaient même sur les propriétés bâties. Les seigneurs ne voulaient pas souffrir, en dehors d'eux, un seul propriétaire indépendant. En réalité, la propriété n'existait que pour eux. La maxime était : « *Pas de terre sans seigneur.* »

3° La *prélation* ou le *retrait féodal*. —

C'était le droit en vertu duquel le seigneur qui avait vendu un coin de terre au roturier pouvait, pendant un laps de temps qui, dans certains cas, allait jusqu'à trente années, le lui reprendre, si tel était son bon plaisir, en lui remboursant le prix d'acquisition. Le pauvre paysan, auquel il arrivait souvent de payer plusieurs fois le même champ, avait beau réclamer, il en était pour les frais d'acte et de contrôle et pour ses sueurs perdues. La plus-value était pour le seigneur. Pendant les interminables années que durait cet abominable droit de *retrait*, le pauvre homme était obligé de ramper devant son redoutable seigneur et il n'osait apporter la moindre amélioration à son champ, de peur d'exciter sa convoitise. De là l'infertilité des terres, les mauvaises récoltes, la misère et la famine!

4° Les *lods et ventes*, — les *demi-lods*. — On appelait ainsi les droits de vente et de mutation dus au seigneur, par les roturiers, chaque fois que les propriétés changeaient de mains. Ils s'élevaient ordinairement au sixième de la valeur du bien vendu.

5° Le *champart* et le *tasque*. — C'était une espèce de dîme féodale sur une partie de la récolte. Dans les terres soumises à cette redevance, la culture ne pouvait être changée, sans l'autorisation du seigneur.

6° Le *carpot*. — C'était le champart des vignes.

7° La *taille seigneuriale*. — Le seigneur l'exigeait de ses vassaux à son mariage, pour couvrir ses frais de noces, à la naissance de ses enfants, pour les frais du baptème, à tout propos, et la fixait à son bon gré.

8° *Le droit exclusif de chasse et de pêche.* — Les seigneurs l'exerçaient sur les terres de leurs vassaux ; tandis que ceux-ci n'avaient pas même le droit de prendre au lacet, sur leurs propres terres, un oiseau ou un lapin; pas même le droit de tirer sur le loup qui emportait un de leurs agneaux et de se défendre contre les animaux nuisibles. La moindre infraction était punie des peines les plus excessives : l'amende, le carcan, le fouet, la prison et, après récidive, le bannissement, les galères et quelquefois la mort. Perdrix, lièvres, sangliers, loups et renards s'abattaient sur les récoltes, sur les basses-cours et les dévastaient. Les chasses seigneuriales, avec les piqueurs et les veneurs à cheval, avec les meutes de chiens, traversaient les moissons, les vignobles, à la poursuite du gibier, les piétinaient et y faisaient non moins de ravages.

9° *Le droit exclusif de colombier et de garenne.* — Des nuées de pigeons et d'innombrables lapins, sortis des colombiers et des garennes du château, se nourrissaient de ce que le gibier et les chasses du seigneur avaient épargné des récoltes des pauvres gens.

10° *Les banalités.* — Défense au roturier de moudre son blé, de cuire son pain, de faire son vin ou son huile, sans la permission de son seigneur et maître, sans passer par les conditions de son seigneur et maître.

Il fallait, quelle que fût la distance, aller au moulin banal, au four banal, au pressoir banal de la seigneurie et payer une redevance, le plus souvent hors de proportion avec le service rendu. Le droit de cuisson, par exemple, variait de 10 à 30 et même 40 pour cent ! Il y avait beaucoup d'autres banalités, comme celles de la brasserie, de la forge, du taureau, du verrat, etc. Elles étaient la source d'injustices et de vexations incalculables. L'insuffisance des eaux obligeait souvent à attendre, trois ou quatre jours, au moulin mal entretenu du seigneur. Le malheureux paysan, après avoir perdu son temps et son argent, s'en revenait avec une farine avariée, qui altérait sa santé. Quand la farine n'était pas avariée au moulin, le pain était presque toujours gâté au four banal. Le vilain devait tout souffrir et se taire. Malheur à l'insensé assez hardi pour faire la contrebande, c'est-à-dire pour conduire son grain au moulin de la ville, non soumis aux banalités ! S'il était surpris, son grain ou sa farine et son attelage étaient aussitôt confisqués et perdus pour lui !

11° *Les justices seigneuriales* (haute, moyenne et basse). — Quel monstrueux accouplement de mots ! Cela donne le frisson. C'était le droit qu'avaient les seigneurs de rendre la justice sur leurs terres. Ils la faisaient exercer par des agents, ne sachant pas toujours lire et écrire convenablement, qui étaient autant de petits tyrans, souvent plus insupportables que leurs maîtres. Malheur au vilain assez imprudent pour déplaire au juge ou au seigneur? Eût-il cent fois raison, il était sûr d'être accusé, poursuivi sous le moindre prétexte, condamné à l'amende, ruiné, fouetté, mis au cachot, selon le cas, le bon plaisir ou l'intérêt de son seigneur et maître.

Comme les amendes étaient toujours au profit du seigneur et qu'il y voyait un moyen d'augmenter ses revenus, c'était la peine la plus ordinaire. Elles tombaient dru comme grêle. Si le manant était insolvable, on lui appliquait le fouet ou le cachot, ou tous les deux à la fois.

Le condamné avait bien le droit d'en appeler à la justice du roi; mais cela était si coûteux! Et puis, le seigneur aurait fait payer cher une pareille audace. Le recours à la justice du roi n'était possible que pour les bourgeois.

Il n'y avait pas longtemps que les seigneurs n'avaient plus le droit d'élever des fourches patibulaires, c'est-à-dire des potences, et d'y faire pendre, haut et court, les manants soumis à leur juridiction. Quelques-uns d'entre eux, s'obstinaient encore à l'exercer et, de temps à autre, on apprenait qu'un vilain, qui n'avait pas été sage, avait été pendu. On inquiétait rarement le seigneur pour si peu.

Il y avait encore beaucoup d'autres droits féodaux, comme : les *péages*, les *barrages*, les *bacs* et *pontonnages*, que les seigneurs avaient seuls le droit d'établir sur les chemins et sur les petits cours d'eau; le *hallage*, sur les dépôts de grains; l'*étalonage*, l'*aunage*, sur les marchés; le *pulvérage*, qu'il fallait payer pour le passage des troupeaux sur les terres du seigneur, à cause de la poussière qu'ils emportaient avec eux; le *banvin*, qui donnait quarante jours au seigneur pour vendre son vin, avant que ses vassaux ne pussent vendre le leur; le *pâturage*, le *panage* et d'autres encore.

Mais il faut s'arrêter. Un de vos meilleurs amis, Alphonse Esquiros, a rempli un volume : *le Bonhomme jadis,* d'extraits des cahiers de 89, pour la Provence seulement. Je ne saurais trop, mes amis, en recommander la lecture à ceux d'entre vous qui désireraient se faire une idée plus détaillée de l'état des campagnes avant 1789. Ils y trouveront l'avantage d'entendre, pour ainsi dire, les plaintes des victimes mêmes de la tyrannie féodale. C'est navrant!

C'était le lion de la fable que ce seigneur. Il voulait tout pour lui. Il fallait de plus qu'on l'adorât.

L'*hommage à genoux* existait encore dans certains pays. C'était le serment de fidélité que les vassaux prêtaient au seigneur, sur les Saints Évangile, à genoux, la tête nue et les mains jointes.

Il ne manquait plus, après cela, pour mettre le comble à l'ignominie, que de faire de la créature humaine, ainsi dégradée, une bête de somme. Eh bien! mes chers amis, cela se faisait en effet. Un député de la Bretagne, Leguen de Kérengal, dans la fameuse nuit du 4 août 1789, dont je vous dirai quelques mots tout à l'heure, dénonça, du haut de la tribune, ces droits féodaux qui (je cite ses propres paroles) « qui ou-

» trageaient la pudeur et l'humanité, ves-
» tiges honteux des caprices de la tyran-
» nie, qui exigeaient que des hommes
» fussent *attelés à une charrette*, ou les obli-
» geaient à passer les nuits à battre les
» étangs, pour empêcher les grenouilles
» de troubler le sommeil de leurs volup-
» tueux seigneurs. »

Ces seigneurs, si fiers, si arrogants, si cruels pour leurs vassaux, se faisaient, à la cour, les plats valets du roi et des princes. Vous ne sauriez croire, mes amis, jusqu'où allait leur servilité, leur abjection. Ils n'avaient rien de *noble* que le nom, leurs âmes étaient *viles*. Il s'en est rencontré, sous l'ignoble Louis XV, qui allaient jusqu'à se disputer l'honneur incomparable de prostituer leurs filles à la débauche royale, au *Parc aux cerfs*. Mais éloignons-nous de ce mauvais lieu.

Les pauvres paysans n'avaient pas à supporter seulement le poids des corvées, des mille redevances et vexations seigneuriales, il fallait aussi qu'ils s'acquittassent des corvées royales pour l'entretien des routes de l'Etat et qu'ils payassent au Trésor :

Les *vingtièmes* et *les tailles*, c'est-à-dire les impôts fonciers;

La *capitation*, c'est-à-dire l'impôt par tête;

La *gabelle*, c'est-à-dire la taxe du sel;

Les *aides*, c'est-à-dire les droits réunis et beaucoup d'autres encore.

La plupart de ces impôts étaient affermés à des fermiers-généraux, qui en répondaient pour une somme fixe et partageaient le surplus avec le gouvernement.

Intéressés à faire rendre à l'impôt le plus possible, ils étaient sans pitié et leurs agents, après les seigneurs et les intendants du roi, étaient la terreur des pauvres gens. Il fallait payer ou bien être saisi, avoir les garnisaires; être dépouillé ou bien aller aux galères.

La misère était si grande que la plupart des paysans manquaient de bétail et d'engrais, et, longtemps avant la moisson, étaient obligés d'emprunter à leurs seigneurs un pain grossier de seigle et d'orge, qu'ils rendaient avec usure, après la récolte.

Sur les chemins et dans les rues on ne voyait que mendiants couverts de haillons et d'ulcères, mourants de faim.

Une chose qui m'a toujours paru ridicule, c'est l'orgueil, en général, et, plus particulièrement, ce qu'on appelle l'*orgueil du sang*. Nous rencontrons encore aujourd'hui bon nombre de rejetons de nos anciens seigneurs, petits messieurs, bouffis de suffisance et de nullité, qui nous regardent par dessus l'épaule, avec une superbe, un air de mépris qui veut dire : « Je suis de sang noble, vos pères étaient » des roturiers, des manants que les nô- » tres rossaient d'importance! »

Voilà-t-il pas un beau sujet d'orgueil? Qu'en dites-vous, mes amis? Cela mériterait bien une correction. Mais le mieux est encore d'en avoir pitié.

Quant à moi, si j'avais le malheur de descendre d'un de ces brigands, dont vous connaissez maintenant les crimes et dont vous connaîtrez bientôt les vices, je n'oserais certainement pas m'en vanter.

Mais que dire de ceux qui, n'étant pas plus de descendance noble que vous et moi, affublent leurs noms d'une particule ou d'un titre usurpé et se donnent des airs méprisants, pour en imposer aux niais? Sont-ils assez méprisables eux-mêmes, ces polissons!

Combien nous sommes heureux, mes chers amis, de descendre, en droite ligne, des victimes et non des bourreaux, de ces braves gens qui cultivaient la terre de France et qui versaient leur sang pour la défendre, quand elle était attaquée. Elle n'était pas encore à eux; mais ils en étaient dignes et ils avaient le pressentiment qu'ils en seraient un jour les maîtres, l'ayant, pendant de longs siècles, arrosée de leurs sueurs, engraissée de leurs ossements.

La Révolution française a eu bien raison, elle a fait acte de haute justice en donnant la terre aux paysans, en faisant d'eux des citoyens, des hommes libres.

Il est minuit, je pense que, sans la Révolution, qui nous a délivrés, nous battrions peut-être encore, les uns et les autres, à cette heure avancée, les fossés du château féodal; et je bénis cette sainte Révolution, qui a détruit la féodalité et grâce à laquelle nous pouvons aller nous coucher et dormir tranquilles. Mes amis, bonne nuit!

2 septembre 1875.

III

LES CORPORATIONS OUVRIÈRES ET LES MAITRISES. — CE QUI SE PASSAIT EN HAUT. — ÉLECTIONS DES ÉTATS GÉNÉRAUX.

Mes chers amis,

Le sort des artisans et des ouvriers, pour être un peu plus supportable que celui des paysans, n'était guère moins malheureux. Eux aussi avaient leurs maîtres dans les gros bourgeois capitalistes et dans les petits bourgeois, maîtres de métiers.

Le travail n'était pas libre. Les divers métiers étaient organisés en corporations, ayant leurs règlements particuliers, leurs maîtrises et leurs jurandes. Pour devenir artisan, il fallait d'abord se faire inscrire au greffe des apprentissages, payer une somme qui variait entre quatre cents et quatorze cents francs et donner de trois à six années de son temps, sans rien gagner.

Après l'apprentissage, il fallait subir un examen, exécuter quelques travaux en présence des jurés et des chefs de maîtrises, enfin être jugé capable de passer *compagnon*. Le compagnon faisait son tour de France et ne pouvait passer *maître* et s'établir pour son propre compte, qu'après avoir travaillé chez un maître, pendant un nombre d'années déterminé ; qu'après avoir subi de nouvelles épreuves, exécuté ce qu'on appelait son *chef-d'œuvre* et produit un billet de confession. Tous ces grades étaient très coûteux, car il fallait, outre les frais de cérémonie, payer, pour chacun d'eux, des droits au gouvernement et des droits à la corporation. Aussi, les maîtrises, difficiles pour ceux qui avaient de l'argent, étaient-elles impossibles pour ceux qui n'en avaient pas.

Elles se transmettaient ordinairement, comme un héritage, du père au fils ou, à défaut d'enfant et de proche parent, se vendaient comme une charge.

Le nombre des apprentis, dans chaque métier, chez chaque maître, était réglé. On n'était donc pas toujours libre d'embrasser la profession qu'on désirait.

Il était défendu à toute personne ne faisant pas partie d'une corporation de fabriquer et de vendre les objets fabriqués et vendus par la corporation.

Rien de plus déplorable qu'une pareille organisation ; elle engendrait la servitude et la misère, empêchait toute concurrence et mettait obstacle au progrès de l'industrie nationale.

L'honnête, le grand ministre Turgot avait été frappé de ces inconvénients ; mais les privilèges et les préjugés étaient si fortement enracinés encore, qu'il essaya vainement de les détruire.

Bien d'autres obstacles s'opposaient au développement du commerce et de l'industrie, en dehors des priviléges des seigneuries et des maîtrises. Il y avait encore le mauvais état des routes et des rivières, les barrières des villes, les innombrables péages, les douanes établies à l'intérieur et surtout cette différence de poids et de mesures qui variaient à l'infini d'une province à l'autre. Une marchandise, expédiée de Flandre ou de Picardie en Gascogne, ot dans toute autre province éloignée, avait à payer des droits si nombreux, si variables, si imprévus, si coûteux, qu'elle avait souvent doublé et quelquefois triplé de valeur à son arrivée.

Nous avons vu ce qu'étaient les justices seigneuriales. Les justices royales ne valaient guère mieux. — La justice n'existait pas, c'est pour cela qu'il fallait dire : les justices. — Le roi et les courtisans faisaient les lois au gré de leur fantaisie et mesuraient les peines à la qualité des personnes. Quand la loi prononçait la peine de mort contre le roturier, ce n'était qu'une simple amende pour le noble.

En réalité, il restait le plus souvent impuni.

La liberté des citoyens était à la merci des grands, qui faisaient jeter à la Bastille, quand tel était leur bon plaisir, les personnes qui leur déplaisaient. Il suffisait, pour cela, de *simples lettres de cachet*, portant la signature du roi, et dont on faisait commerce. Voltaire fut enfermé plusieurs fois à la Bastille pour ses audaces d'écrivain.

Combien de malheureux innocents y sont morts oubliés!

Mais, pendant qu'une si profonde misère régnait en bas, il serait curieux, mes amis, d'examiner comment on vivait en haut. Il ne manquerait plus, pour achever le tableau, que le roi, la noblesse de cour et le haut clergé, qui ne payaient pas d'impôts, qui dépouillaient les paysans dans leurs châteaux féodaux, fussent trouvés occupés à dévorer les revenus de l'Etat.

Hélas! c'est ce qu'ils faisaient.

Ils n'avaient rien payé,

Ils avaient dépouillés les paysans,

Ils dévoraient les finances de la France, avec le roi, à Versailles!

Ainsi, les produits de l'impôt, prélevés exclusivement sur le peuple, ne revenaient au peuple, ni sous forme d'encouragements à l'agriculture, au commerce et à l'industrie, ni sous forme d'entreprise et de travaux publics, et moins encore sous forme d'instruction.

L'instruction du peuple! Il ne pouvait en être question dans les conseils du gouvernement, à cette époque. Il ne fallait pas que le peuple vît clair dans un pareil système d'iniquité. Le travail n'était-il pas considéré comme vil? A quoi bon l'instruction pour Jacques Bonhomme? Bête de somme il était, bête de somme il devait rester.

La noblesse et le haut clergé vivaient donc dans le jeu, le luxe et la débauche. A la cour, ce n'était que scandales, fêtes et gaspillages.

La dette avait pris des proportions énormes, et tous les expédients pour se procurer de l'argent avaient été épuisés. On vendait les charges de la magistrature, celles de l'administration et les grades militaires, auxquels la noblesse seule avait droit. On vendait des titres de noblesse et jusqu'aux maîtrises d'arts-et-métiers.

Pour rattraper leur argent, les magistrats vendaient la justice, les officiers volaient la solde du soldat, les maîtres de métiers réduisaient le salaire de l'ouvrier et taxaient au-dessus de leur valeur les objets qu'ils avaient fabriqués.

La cour en fut réduite à vendre, par anticipation, les revenus publics et à retarder le paiement des salaires et des intérêts dus par l'Etat. La seule chose qui ne souffrait jamais de réduction ni de retard, c'étaient les pensions énormes, scandaleuses, accordées, sans titres avouables, par simple faveur, aux courtisans et aux courtisanes.

O crime! Louis XV avait vendu le privilége d'accaparer les grains à une compagnie, à laquelle Louis XVI renouvela plusieurs fois son traité! Ce pacte infâme, qui causa jusqu'à douze famines et la mort de plusieurs milliers d'hommes, est connu dans l'histoire sous le nom de *pacte de famine*.

Tous ces abus, tous ces crimes, toute cette corruption avaient été dénoncés avec éloquence, par les grands écrivains du dix-huitième siècle : Voltaire, Jean-Jacques Rousseau, Montesquieu, Diderot, etc.; mais on ne sait combien de temps cela aurait pu durer encore, si l'énormité de la dette, le manque d'argent et les réclamations du Tiers-Etat bourgeois et éclairé n'avaient enfin obligé la cour, après beaucoup de résistance et d'ajournements, à convoquer, le 8 août 1788, les Etats généraux de la nation, pour le 1er mai 1789.

De ce moment, mes amis, la presse et les réunions publiques devinrent complétement libres. De grands orateurs se révélèrent, entre autres Mirabeau, et la France fut inondée de brochures, retentit de discours qui l'éclairèrent et donnèrent une direction à l'opinion.

Le règlement électoral du 24 janvier 1789 fixa les conditions de l'élection.

Chacun des trois ordres devait nommer ses députés séparément.

Les Français composant le Tiers-Etat durent se réunir dans les communes, pour l'élection des électeurs chargés de nommer les députés et pour la rédaction de *cahiers*, exprimant leurs plaintes et doléances, leurs réclamations et leurs vœux.

Les cahiers de la noblesse demandaient, en général, le maintien de tous les privilèges. Pouvait-on attendre d'elle autre chose? Mais, d'un bout à l'autre de la France, les cahiers du Tiers-Etat furent presque unanimes à réclamer l'abolition des dîmes et des droits féodaux, l'égale répartition des impôts, une déclaration des droits de l'homme et du citoyen, la liberté, l'égalité, l'institution du jury en matière criminelle, le vote par tête aux Etats-généraux, une constitution proclamant la souveraineté nationale et instituant une assemblée périodique, ayant seule le droit de faire les lois.

Les élections du Tiers-Etat se firent dans un ordre parfait. Au contraire, les prêtres et les nobles, tremblant pour leurs priviléges, fomentèrent partout des troubles, qui allèrent, en Bretagne, jusqu'à l'assassinat de quelques bourgeois et ouvriers. Cette sagesse de la nation, en présence de ces excès des minorités privilégiées, était d'un bon augure pour la Révolution. Ma prochaine lettre, mes amis, vous dira quelques mots de la Révolution de 89, de la nuit du 4 août et de la première République.

5 septembre 1875.

IV

RÉVOLUTION DE 1789. — LA RÉPUBLIQUE.

Mes chers amis,

L'ouverture des Etats-Généraux se fit à Versailles le 5 mai 1789. Ils étaient composés de 291 députés du clergé, 270 de la noblesse et 598 du Tiers-Etat : En tout 1159.

La noblesse et le clergé voulaient que les députés des trois ordres délibérassent séparément, afin de rendre le Tiers-Etat impuissant dans ses projets de réforme : ils auraient toujours été deux assemblées contre une. Mais le Tiers-Etat, qui comptait un plus grand nombre de membres que les deux autres ordres réunis, se conformant, d'ailleurs, à l'esprit et à la lettre des cahiers, réclama la délibération en commun et le vote par tête. Il se lia par le fameux *Serment du jeu de paume* et se proclama *Assemblée nationale, inviolable*. Soutenu par l'opinion publique, il força, par son énergique attitude, les deux autres ordres à se réunir à lui et le roi à céder le pas à la Révolution qui passait et qui devait, plus tard, abattre la royauté, coupable de trahison envers la France et de complicité avec l'étranger.

Au moment où la cour se disposait à faire mitrailler l'Assemblée par une armée d'étrangers massée autour de Versailles, le peuple de Paris se souleva et prit la Bastille (14 juillet 1789).

En quelques jours la nation fut debout, les gardes nationales furent organisées, les anciennes administrations chassées et remplacées, les dîmes et les redevances seigneuriales refusées, et, dans plusieurs provinces, les châteaux et les chartriers, qui contenaient les titres de propriétés féodales, brûlés.

Alors, mes amis, « une grande voix, la
» voix de la grande nation se fit tout-à-
» coup entendre : Peuples, que tout cesse,
» que tout disparaisse ! Peuples, plus de
» rentes, plus de seigneurs ! Elle continua :
» plus de moines, plus de chanoines, plus
» de dîmes ! Elle continua : plus de pri-
» viléges, plus de distinctions hérédi-
» taires ! Egalité devant les lois ! Egalité !
» égalité ! Liberté ! liberté ! Liberté de tra-
» vailler, liberté de gagner, liberté ! Liberté

» de conscience, liberté de penser, liberté
» de parler, liberté d'écrire ! Liberté lé-
» gale, liberté sociale ! Liberté, égalité,
« liberté ! liberté !

» Cette grande voix, bien qu'elle n'eût
» plus été entendue, entre les Pyrénées et
» le Rhin, depuis que la Gaule était France,
» fut à l'instant obéie. Les fleuves, les ri-
» vières continuèrent bien de couler dans
» leurs rives ; les montagnes, les villes de-
» meurèrent bien à leur place ; mais le
» pays changea subitement de face, et à
» la fin de ce long drame féodal, royal,
» d'une durée de tant et tant de siècles,
» tous les acteurs se retirèrent, ou pour
» changer d'habit, ou pour ne plus repa-
» raître. » (Alexis Monteil, *Histoire des Français des divers états.*)

Sous le coup de ces événements, de cette grande voix, l'Assemblée nationale, dans la fameuse nuit du 4 août 1789, décréta :

L'abolition du servage et de la main-morte ;

L'abolition des droits féodaux, des justices seigneuriales et de la vénalité des charges ;

L'égalité des impôts ;

L'admission de tous les citoyens aux emplois civils et militaires ;

La justice gratuite et l'égalité de tous les citoyens devant la loi ;

L'abandon des privilèges des provinces et des villes ;

La suppression des pensions obtenues sans titres.

La grande Révolution, par l'organe de

l'Assemblée nationale Constituante, de l'Assemblée législative et de la Convention, décréta successivement :

La liberté de la presse et des opinions religieuses ;

La division de la France en départements ;

L'unité de législation pour toute la France et pour tous les Français ;

L'abolition des ordres religieux et des propriétés ecclésiastiques, les prêtres devenant fonctionnaires publics, salariés de l'Etat ;

La suppression du droit d'aînesse et des substitutions ;

L'obligation du partage égal des biens entre tous les enfants ;

La suppression des titres de noblesse : il n'y a plus que des citoyens égaux ;

La suppression des jurandes, maîtrises et corporations ;

La liberté du travail ;

L'abolition des taxes sur le sel, sur les boissons, le tabac et les consommations en général ;

La constitution civile du clergé, soumettant les évêques et les curés à l'élection ;

L'abolition de la Royauté et la proclamation de la République ;

L'adoption du calendrier républicain, basé sur les lois de la nature ;

L'abolition de l'esclavage ;

La préparation d'un code uniforme ;

L'organisation de l'instruction populaire, dans toutes les communes de France ;

L'unité de poids et mesures et de monnaies ;

La vente des biens nationaux que les paysans ont achetés et qu'ils cultivent si bien aujourd'hui.

Enfin, la Révolution sauva la patrie de la formidable coalition des prêtres, des nobles et des rois, la fit respecter et étendit les frontières, en se défendant.

Qu'en dites-vous, mes amis? Cela ne ressemble guère aux droits féodaux et aux dîmes. C'est comme si des ténèbres les plus épaisses on passait tout d'un coup en pleine lumière. On en est comme ébloui. Voilà pourtant ce que fit l'immortelle et glorieuse Révolution de 89, tant attaquée, tant décriée, non-seulement par les successeurs de ce clergé et par les descendants de cette noblesse dont elle a dû briser les résistances impies et châtier les crimes, mais même, ô les fils dénaturés! par quelques-uns de ceux qu'elle a délivrés de la servitude et de la misère.

Quant à nous, mes chers amis, n'oublions jamais que, sans elle, nous serions encore des roturiers et des vilains, taillables et corvéables à merci et miséricorde, obligés de passer, en rampant, sous la canne de jonc du seigneur et de nous mettre à genoux sur le passage du prêtre. C'est grâce à elle que vous êtes propriétaires indépendants, absolus, des champs que vous cultivez et des fruits de vos récoltes; que vous êtes des hommes libres enfin et souverains par le suffrage universel.

Vous allez bientôt user de votre droit de souveraineté, mes amis. Les élections générales ne peuvent se faire attendre longtemps désormais. Ce sera le cas de vous rappeler tout ce que je viens de vous dire. N'oubliez pas que vous devez repousser avant tout, comme une vraie peste, tous les candidats du parti clérical ; de ce parti dangereux qui nous menace de nous ramener à cet abominable ancien régime, que vous connaissez maintenant, dont nos pères ont tant souffert et dont la Révolution nous a délivrés. Il ne faut pas repousser seulement les cléricaux, il faut repousser tous les candidats des anciens partis, légitimistes, orléanistes, bonapartistes, parce qu'il sont tous amis des cléricaux, leurs alliés, et n'accorder votre confiance et vos votes qu'aux républicains. Ce sont les seuls qui soient résolus de défendre et maintenir les principes de 89, qui vous ont fait ce que vous êtes. Dans une autre brochure : « *les partis politiques devant le suffrage universel* » je m'expliquerai plus longuement à ce sujet. Donc, au revoir ! à bientôt !

D. BARODET.

La brochure **LETTRES AUX PAYSANS** est en vente à la *Librairie du Suffrage universel*, 14, rue Hautefeuille.

Prix : **10** CENTIMES l'exemplaire.
8 francs le cent.

EN VENTE A LA MÊME LIBRAIRIE

BROCHURES A 10 CENTIMES

Nos
1 YVES GUYOT. La Vérité sur l'Empire.
2 VICTOR HUGO. La Déportation.
3 TURIGNY. La République des Paysans.
4-5 EUGÈNE JACQUET. Le Complot bonapartiste. — Deux brochures.
6 PAUL SÉBILLOT. La République, c'est la Tranquillité.
7 ÉMILE GAUTIER. Les Finances impériales.
8 CHARLES BOYSSET. La Liberté du Suffrage.
9 CH.-L. CHASSIN. Les Cahiers de 89 et les Cahiers du Sénat.
10 PAUL GÉRIN. La Police impériale.
11 LOUIS ASSELINE. Sa Majesté le Maire.
12 PAUL BEURDELEY. Petite Histoire du Parti Bonapartiste.
13 X... Le Manuel du parfait Bonapartiste.
14 P.-A. DELBOY. Que doit être le Sénat?
15 Les Lois constitutionnelles de la République française. (Texte.)
16 ANDRÉ LEFÈVRE. Petite Histoire de Napoléon Ier.
18 P. CAILLET. Cinq Ans de République.
19 EDOUARD LOCKROY. La Politique de Principes.

BROCHURES A 5 CENTIMES

1 LOUIS BLANC. Les Lois constitutionnelles. (Discours du 24 juin 1875.)
2 LOUIS BLANC. Garibaldi. — La Séance du 25 juillet 1875.
3 E. CASSOT. Aux Paysans.
4 X... Le Programme du parti orléaniste.
5 SIGISMOND LACROIX. Ce qu'on appelle un Radical.
8 LOUIS BLANC. Le 21 Septembre 1792.

BROCHURES A 2 FR. LE CENT, 10 FR. LE MILLE

1 ÉMILE GAUTIER. Combien l'Empereur?
2 VICTOR DIDIER. Réflexions d'un Cultivateur.
3 YVES GUYOT. Si l'Empire revenait!
4 Ch. MARTIN. Les Veillées du Père Guillaume.

Paris. — Typ. Balitout, Questroy et Cie, rue Baillif, 7.

www.ingramcontent.com/pod-product-compliance
Lightning Source LLC
Chambersburg PA
CBHW060558050426
42451CB00011B/1970